L'autobus magique

AU MUSÉE HANTÉ
Découvre les sons

D'après un épisode de la série télévisée animée
produite par Scholastic Productions, Inc., et
inspirée des livres *L'autobus magique* écrits
par Joanna Cole et illustrés par Bruce Degen.

Les éditions Scholastic

Adaptation du livre tirée de la série écrite par Linda Beech
et illustrée par Joel Schick.
Texte français de Carmen Marois et Lucie Duchesne

Données de catalogage avant publication (Canada) disponibles

Titre original : The Magic School Bus in the Haunted Museum

ISBN : 0-590-24657-7
Édition publiée par Les éditions Scholastic, 123, Newkirk Road,
Richmond Hill (Ontario) L4C 3G5.

4 3 2 1   Imprimé aux États-Unis   5 6 7 8/9

Dans la classe de Mme Friselis, nous préparons notre concert au musée du Son. Mais il y a quelque chose qui cloche : c'est l'instrument inventé par Carlos. Il a *l'air* super, mais comme le dit Raphaël, il sonne comme une vieille casserole. Comment allons-nous faire pour jouer notre «Concerto pour instruments inventés»?

Mme Friselis semble être la seule à ne pas s'en faire. Elle encourage Carlos en lui disant : «Continue à poser des questions. Tu finiras par obtenir des réponses!» Ensuite, elle nous a fait monter dans l'autobus. Nous sommes en retard pour la répétition générale de notre concert. Vite, filons au musée du Son!

Durant le trajet, Carlos essaie de perfectionner son instrument.
«Je ne crois pas que ça s'améliore», dit Hélène-Marie.
«Il lui faudrait plus de temps», renchérit Thomas.
Et c'est à ce moment que l'autobus se met à se comporter
bizarrement. Cela arrive souvent quand Frisette conduit.

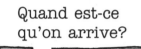

Tout à coup, le moteur de l'autobus se met à chauffer.
«Zut! Une panne!» dit Pascale.
«Nous allons rater la répétition générale», dit Hélène-Marie.
«Je vais tirer l'autobus, crie Mme Friselis. Et vous, les enfants poussez!»

Je ne crois pas que Carlos s'en tirera.

Et nous, alors?

Grilli-ing!

Brrr!

PCRISSI

Pendant que nous poussons, Carlos continue à travailler. Son instrument devient de plus en plus beau, mais il sonne de plus en plus faux. Dehors, nous entendons des bruits qui nous donnent la chair de poule.

Soudain, nous entendons un son différent. Frisette le trouve «mélodieux». Ce son vient de la terrifiante vieille maison. Nous voulons remonter dans l'autobus, mais Frisette nous crie : «Prenez des risques! N'ayez pas peur de faire des erreurs!»

HIII!

SCRICH!

Quel endroit terrifiant!

Notre autobus en panne n'est pas si mal, après tout!

Et elle appuie sur le bouton de la sonnette.
Quel son à faire frémir!

Carlos a lui aussi entendu ce son étrange.

«Hé! Je dois découvrir ce qui produit un tel son», dit-il.

«Je le savais! J'aurais dû m'écouter et rester à la maison aujourd'hui», dit Jérôme.

La porte s'ouvre brusquement. Carlos et Mme Friselis entrent aussitôt, et nous les suivons.

«Il y a quelqu'un?» crie Mme Friselis.
«...quelqu'un-un-un?» lui répond l'écho.
Personne pour nous accueillir. La porte s'est refermée brutalement. Impossible de la rouvrir. Nous sommes prisonniers de la maison!

«J'ai trouvé un annuaire téléphonique, dit Hélène-Marie.
On pourrait peut-être demander de l'aide.»

Mais quand Hélène-Marie ouvre l'annuaire, il sonne
comme un téléphone! Frisette ouvre d'autres livres.
Nous entendons des cornes de brume, des rugissements,
des chuchotements, des cris et quelques rires déments.
Les livres sont remplis de sons!

«Je me demande qui habite ici», dit Kisha, nerveuse.

C'est alors que Mme Friselis nous parle de la propriétaire, la grande cantatrice Cornélia Contralto. «Cornélia était une excentrique, nous explique-t-elle. Elle collectionnait les sons. Elle a disparu il y a une centaine d'années environ.»

Cela ne nous étonne pas. N'importe qui aurait souhaité disparaître pour quitter cette maison sinistre!

«Les enfants, dit Frisette, cette maison est en fait le musée du Son.»
Là, elle nous a tous étonnés. Quoi? Un musée ouvert le soir!

«Partons à l'aventure!» dit Mme Friselis.

«Génial!» s'écrie Carlos.

Mais nous ne sommes pas tous aussi enthousiastes. Raphaël s'inquiète du sort de la grande Cornélia Contralto. «Je parie qu'elle est devenue un fantôme, dit-il. Elle hante peut-être la maison, cherchant le son idéal».

Pas mal, comme explication : la maison est remplie de sons étonnants.

CROUIK!

C'est l'heure de se coucher. Bizarrement, le musée contient le nombre exact de lits pour nous coucher tous. Nous nous cachons littéralement sous les couvertures. Carlos pense toujours à son instrument. Jusqu'à maintenant, personne n'a remarqué d'amélioration.

«Cornélia, dit-il, si vous êtes quelque part, voudriez-vous m'aider pour que mon instrument sonne juste?»

Encore ce son! Quelqu'un, ou quelque chose,
a répondu à Carlos. Il se précipite pour voir
ce que c'est et nous le suivons en nous bousculant.
Avant que nous ne puissions l'en empêcher,
Carlos ouvre la porte...

...et nous nous retrouvons dans une drôle de pièce. Dès que nous nous tournons, nous apercevons un paysage différent. Nous avons traversé une jungle pour nous retrouver ensuite en montagne. Frisette est là qui chante. Sa tyrolienne se répercute de montagne en montagne. C'est un écho.

De là, nous déboulons dans la salle des géants. Elle est remplie de gigantesques instruments de musique. Hélène-Marie pince la corde d'une harpe. La corde s'agite, en produisant un son mélodieux.

«C'est ce qu'on appelle une vibration», explique Mme Friselis.

Kisha ajoute : «Lorsque la corde cesse de vibrer, le son s'arrête.»

«Est-ce que tous les sons sont produits par quelque chose qui vibre?» demande Carlos.

Nous ne mettons pas longtemps à le savoir. Thomas et Pascale jouent du tambour en faisant vibrer la peau qui le recouvre. Catherine fait sonner le gong en le faisant vibrer. Non seulement ils entendent le son, mais ils le sentent!

C'est alors que Mme Friselis fait sonner une énorme cloche. Les vibrations emplissent la pièce. Le mur se met soudain à craquer et s'ouvre. Nous suivons Frisette à travers l'ouverture, pour arriver sur une scène.

Mᵐᵉ Friselis donne à Carlos d'étranges lunettes. Ce sont sûrement des lunettes magiques, parce qu'elles permettent à Carlos de *voir* les ondes sonores!

«Les ondes sonores ressemblent à des ronds dans l'eau, s'exclame-t-il. Ce sont des cercles à l'intérieur d'autres cercles, qui s'éloignent de leur source.»

On dirait une cible!

Nous mettons tous des lunettes magiques.
C'est amusant de produire des sons et de regarder
leurs vibrations. Les ondes sonores partent d'un
point et se propagent dans toutes les directions.

Je n'en crois pas
mes oreilles... euh...
mes yeux... mes oreilles?

Mme Friselis nous montre autre chose. D'abord, elle chante une note aiguë. Les cercles sont rapprochés les uns des autres. Ensuite, elle chante une note grave. Les cercles sont beaucoup plus éloignés.

«Les enfants, dit Frisette, les sons aigus sont produits lorsqu'il y a une vibration rapide. Les sons graves sont produits lorsqu'il y a une vibration plus lente.»

C'est alors que Carlos a une idée vraiment géniale.
«Peu importe à quoi *ressemble* mon instrument.
L'important, c'est qu'il *vibre*.»
Et il retourne à toute vitesse dans la chambre.
Surprise : son instrument a disparu!

Nous commençons à nous inquiéter, parce que nous venons encore une fois d'entendre ce son étrange. Puis les lumières s'éteignent.

«Ce son provient de la porte de l'armoire!» s'écrie Hélène-Marie.

Carlos ouvre la porte... et disparaît. Il est tombé dans les oubliettes de la maison!

Ça ne dérange pas Frisette le moins du monde.
Elle plonge à son tour en criant : «Suivez-moi, les enfants!»
Nous pensons tous qu'elle est tombée sur la tête, mais
comme c'est notre professeure, nous obéissons. HAAAAA!
Quelle chute!

Le son se répercute sur les murs tout le long du couloir. Nous suivons les ondes sonores jusqu'au bout, pour arriver près d'une porte...

Les sons proviennent de derrière cette porte. Carlos l'ouvre. Dans la pièce, nous apercevons une personne assise à un orgue. C'est Cornélia Contralto III! La première Cornélia était sa grand-mère. Cornélia III se faufile derrière l'orgue et en revient avec l'instrument de Carlos.

Hum... Cet objet a un *air* familier.

Carlos sait maintenant quoi faire. Il retire un tas de trucs de son instrument. «Il y a beaucoup trop de choses. L'instrument ne peut pas vibrer comme il le devrait», nous explique-t-il.

Nous avons donné un remarquable concert. Le public a adoré le son extraordinaire de l'instrument inventé par Carlos. Cornélia a tellement aimé ces sons qu'elle a nous demandé si elle pouvait garder l'instrument. Elle a dit que le musée du Son ne serait pas complet sans lui. Et elle avait raison!

UN DRÔLE D'APPEL

Ah non! Encore ce fichu téléphone qui sonne.

Qui cela peut-il bien être?

Autobus magique : Allô?

Correspondant : Je crois que votre imagination vous fait délirer, dans ce livre.

Autobus magique : Qu'est-ce que vous voulez dire? Tout est vrai dans ce livre.

Correspondant : Pour commencer, une sonnette d'entrée comme ça ... eh bien... ça n'existe pas.

Autobus magique : Hum... Vous avez peut-être raison. Mais admettez que l'idée est excellente!

Correspondant : Vous ne pensez tout de même pas que les lecteurs vont croire que des livres peuvent faire tous ces bruits?

Autobus magique : Vous avez raison. On fait semblant.

Correspondant : Et on ne peut pas voir les sons, n'est-ce-pas?

Autobus magique : Non. C'est pourquoi les enfants portent des lunettes magiques. Mais tout le reste est vrai, je le jure.

Correspondant : Et le fantôme, alors? Les fantômes n'existent pas.

Autobus magique : Bien sûr que non.

Correspondant : Les autobus magiques non plus.

Autobus magique : Vous avez raison, les autobus magiques n'existent pas. Mais je suis sûr que vous souhaiteriez qu'ils existent. Un peu d'imagination, tout de même!

LES NOTES DE Mme FRISELIS

Un son se produit lorsque quelque chose bouge ou vibre. Prends des élastiques de différentes largeurs et place-les autour d'un livre. Lequel produit un son aigu : un élastique étroit ou un élastique large? Essaie de faire de la musique avec les élastiques.

Les vibrations sonores voyagent comme des vagues. Laisse tomber une pièce de monnaie dans une casserole remplie d'eau. Les cercles que tu vois sont comme les ondes sonores : elles s'éloignent de leur source. Trouve les ondes sonores contenues dans ce livre. Où vont-elles?

Les oreilles captent les sons, et le cerveau leur donne une signification. Les humains se servent des sons pour communiquer. Écoute les sons qui t'entourent. Produis toi-même des sons en parlant ou en chantant. Regarde bien comment Mme Friselis et ses élèves produisent des sons dans ce livre.

Certains animaux utilisent les ondes sonores : les chauves-souris ne voient pas bien, mais elles utilisent l'écho pour se diriger. Trouve les chauves-souris dans ce livre.

Tu peux orienter les ondes sonores. Si tu parles dans un tube de carton, elles sont concentrées comme dans un tunnel et ne peuvent pas se répandre rapidement. En revanche, si tu mets tes mains devant ta bouche, en porte-voix, elles se répandront beaucoup mieux. Dans ce livre, quels sont les instruments qui orientent les ondes sonores?

Mme Friselis